경기도 강원도

978-89-5689-981-7

JN356694

- 행주산성
- 최영 장군묘
- 황희 정승 유적지
- 오죽헌, 율곡 기념관
- 단원미술관
- 청령포
- 김삿갓 유적지
- 이사부 사자공원
- 고구려 대장간마을
- 흑기총, 맹사성 묘
- 세종대왕릉
- 다산유적지

철원, 화천, 양구, 고성, 파주, 포천, 인제, 속초, 강화도, 김포, 양주, 가평, 양양, 고양, 의정부, 춘천, 홍천, 강릉, 인천, 부천, 서울, 남양주, 시흥, 광명, 안양, 양평, 횡성, 평창, 동해, 안산, 화성, 광주, 정선, 용인, 이천, 삼척, 평택, 여주, 원주, 영월, 태백, 안성

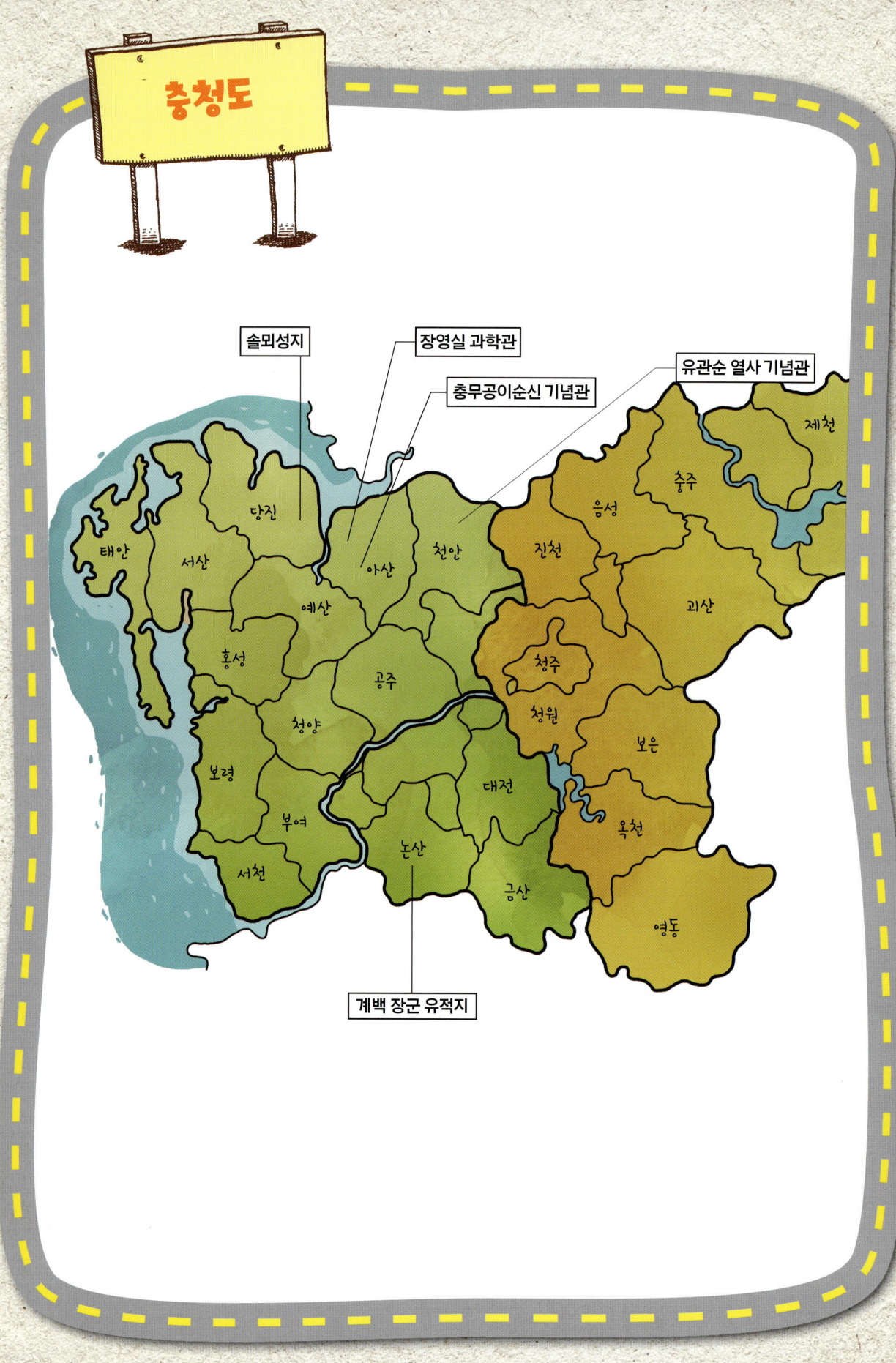

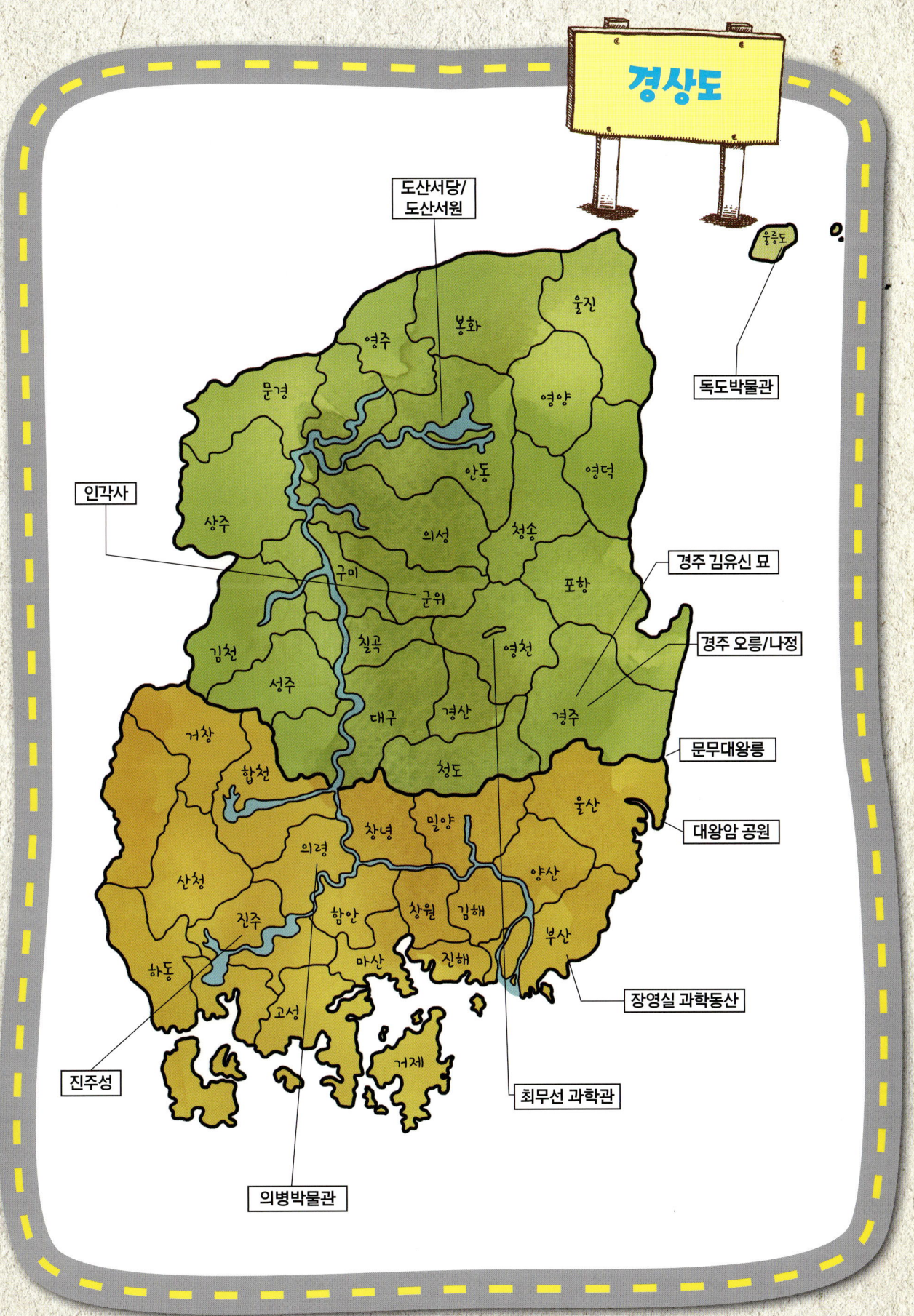

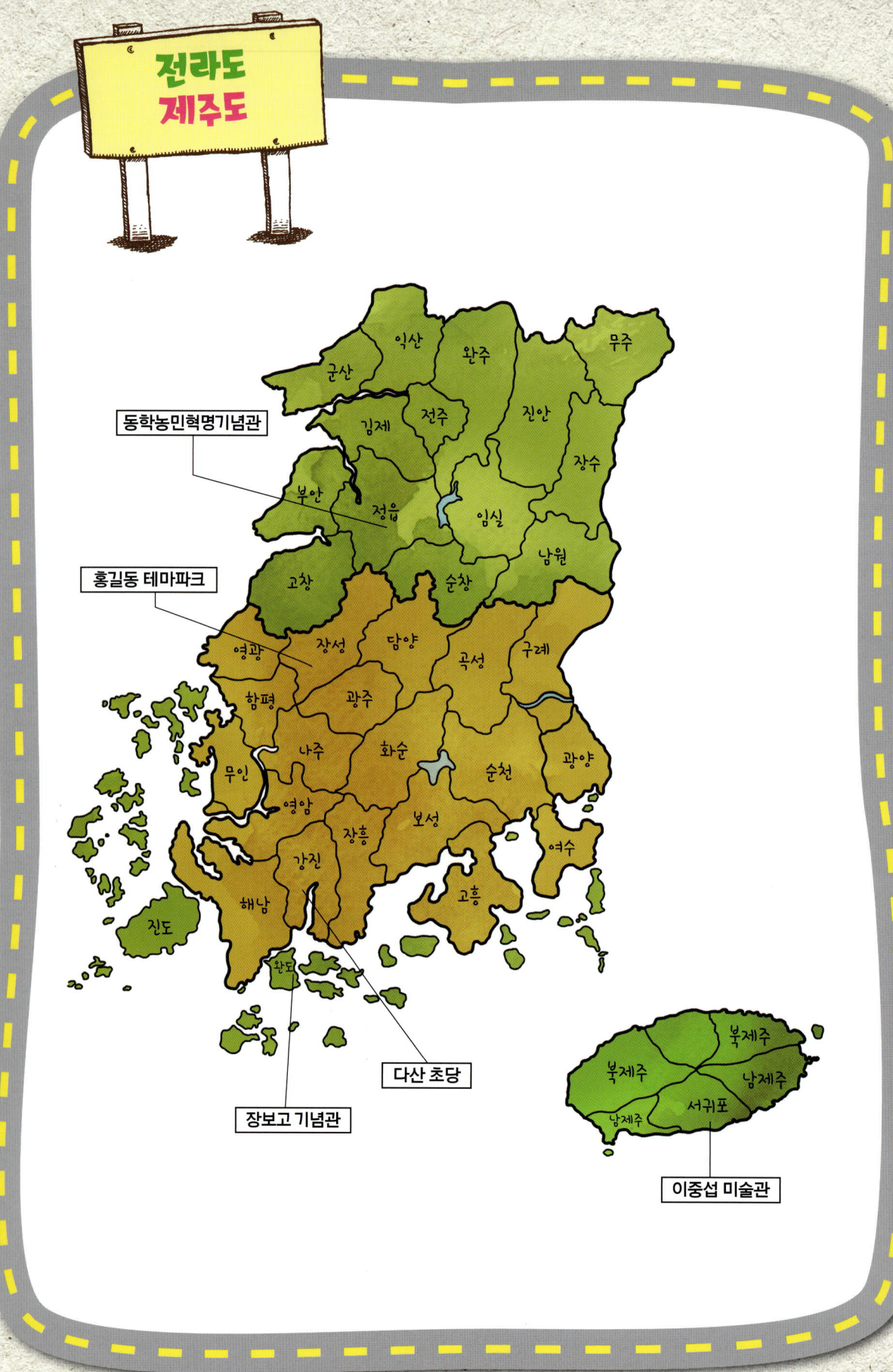

🎵 고구려 세운 동명왕 / 만주벌판 달려라 광개토대왕

고구려대장간마을

아차산 고구려 유적 전시관과 야외 전시물로 구성된 곳이다. 고구려 유적 전시관에서 고구려의 역사를 알려 주는 여러 전시물과 함께 실제로 아차산 자락에서 발굴한 고구려 기와, 토기 등의 유물을 직접 볼 수 있다. 또한 드라마 〈태왕사신기〉, 〈신의〉 등의 촬영지로 옛 고구려 마을의 정취를 느낄 수 있다. 야외 전시물 중에는 복제한 '광개토대왕릉비'도 있다.

경기도 구리시 우미내길 41
www.goguryeotown.co.kr / 031-550-2363

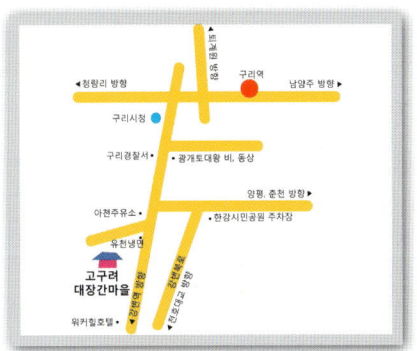

참고 우리나라에서 '광개토대왕릉비'를 볼 수 있는 곳

실제 광개토대왕릉비는 고구려의 옛 수도였던 국내성 근처에 세워졌는데 현재 이곳은 중국 길림성에 속해 있다. 우리나라에는 〈구리시 광개토대왕광장〉, 〈용산 전쟁기념관〉, 〈천안 독립기념관〉, 〈인천 시립송암미술관〉, 〈부산 국가기록원 역사기록관〉 등 여러 곳에서 실물 크기와 재질을 그대로 복제한 '광개토대왕릉비'를 볼 수 있다.

백제 온조왕

한성백제박물관

서울 올림픽공원 안에 위치한 백제 유물 관련 박물관이다. 서울은 약 500년 동안 백제의 수도였던 만큼 풍납토성, 몽촌토성, 석촌동 고분군 등 백제 한성의 핵심 유적이 남아 있다. 그곳에서 출토된 많은 유물이 한성백제박물관에 전시되어 있다.

서울특별시 송파구 위례성대로 71
baekjemuseum.seoul.go.kr / 02-2152-5800

알에서 나온 혁거세

경주 오릉 / 경주 나정

5기로 이루어진 신라 시대 무덤으로, 하나를 중앙에 두고 사방에 각각 하나씩 둘려진 형태로 남아 있다.
《삼국사기》에는 신라 제1대 왕인 박혁거세와 왕비 알영부인, 제2대 남해왕, 제3대 유리왕, 제5대 파사왕 등 신라 초기 박씨 왕 네 명과 왕비 한 명을 한 자리에 모셔 오릉(五陵)이라 한다고 기록되어 있다. 반면 《삼국유사》에는 다른 이야기로 기록되어 있다. 박혁거세가 왕이 된 지 62년 만에 하늘로 올라갔다가 7일 후에 몸이 흩어져 땅에 떨어지자 왕비도 따라 죽었는데 사람들이 이를

같이 묻으려고 했다. 하지만 큰 뱀이 나타나 방해를 해 할 수 없이 몸의 다섯 부분을 각각 묻고 그것을 오릉(五陵) 또는 사릉(蛇陵)이라 불렀다고 한다.

나정은 오릉의 동남쪽에 위치한 소나무숲 안에 있는 우물이다. 《삼국사기》와 《삼국유사》에서는 이 우물터에서 신라 시조 박혁거세가 태어났다고 기록하고 있다.

경상북도 경주시 금성로 38-9
guide.gyeongju.go.kr(경주문화관광) / 054-772-6903

🎵 신라 장군 이사부

이사부 사자공원

신라 장군 이사부의 개척 정신을 이어받은 테마 공원으로 독도가 우리나라 영토임을 알리는 상징적인 공간이기도 하다. 이사부 장군이 우산국을 정벌할 때 사자 조각상을 이용했다는 이야기와 관련하여 공원 곳곳에서 다양한 모양과 표정을 한 사자 조각상을 볼 수 있다.

강원도 삼척시 수로부인길 333
tour.samcheok.go.kr(삼척 문화관광) / 033-573-0561

독도박물관

신라 지증왕 때 이사부 장군이 우산국을 정벌하면서 함께 우리나라의 영토가 된 독도의 역사와 가치를 알리는 영토 박물관이다. 일본의 독도 영유권 주장에 대해 반박할 수 있는 국내외 역사 자료를 전시, 교육하고 있다.

경상북도 울릉군 울릉읍 약수터길 90-17
www.dokdomuseum.go.kr / 054-790-6432

독도체험관

'역사, 미래관', '자연관', '4D영상관'으로 구성된 곳이다. 독도와 관련된 다양한 자료들을 수집, 보존, 전시하고 있다. 또한 독도의 자연과 역사를 다양한 체험을 통해서 접할 수 있도록 꾸며 놓았다.

서울특별시 서대문구 통일로 81
www.dokdomuseumseoul.com / 02-2012-6100

🎵 황산벌의 계백

계백 장군 유적지

백제군사박물관, 계백 장군묘와 충장사 그리고 황산벌이 내려다보이는 황산루 등으로 구성되어 있다. 백제군사박물관에서는 백제 역사의 흐름을 알 수 있는 여러 가지 전시물을 볼 수 있다. 백제군사박물관을 나서면 계백 장군의 위패와 영정을 모신 사당 충장사로 이어진다. 여름에는 승마와 국궁 등도 체험할 수 있다.

충청남도 논산시 부적면 신풍길 산14
계백장군 유적지 관리사무소 041-746-8431

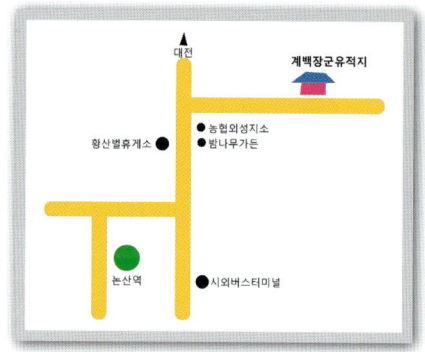

🎵 말 목 자른 김유신

경주 김유신묘

신라가 삼국을 통일하는 데 큰 역할을 한 김유신의 묘소이다. 지름이 30m나 되는 큰 무덤으로 봉분 아래에는 병풍처럼 호석을 설치하였고 호석 위에 평복 차림에 무기를 든 12지신상을 배치하였다. 묘 앞에는 조선 시대에 세운 비석이 있으며 석상은 최근 묘를 수리할 때 다시 세운 것이다.

경상북도 경주시 충효천길 64-15
guide.gyeongju.go.kr(경주 문화관광) / 054-749-6713

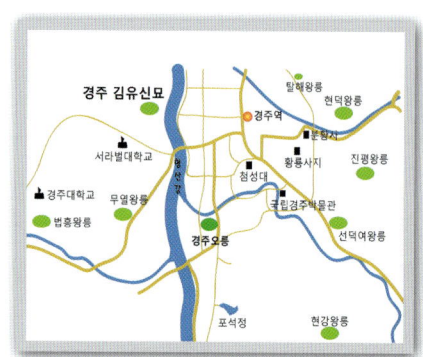

🎵 통일 문무왕

대왕암공원

우리나라에서 해가 가장 빨리 뜨는 곳 중 하나인 대왕암이 있는 곳이다. 해안 절벽에 이어진 바위 위에 놓인 철교를 건너면 대왕암에 이른다. 경주 문무대왕릉을 부르는 대왕암과 같은 이름을 가진 이 바위는 용이 하늘로 오르다가 떨어졌다는 뜻으로 용추암이라고도 불린다. 또한 신라의 삼국통일을 완성한 문무왕이 세상을 떠난 뒤 문무왕의 부인인 문무대왕비가 자신도 신라를 지키는 용이 되고자 바위 아래 묻혔다는 전설이 전해진다. 고래 턱뼈 조형물과 여러 가지 기암들도 만날 수 있다.

울산광역시 동구 일산동 산907
www.donggu.ulsan.kr(울산광역시 동구 문화관광) / 052-209-3751

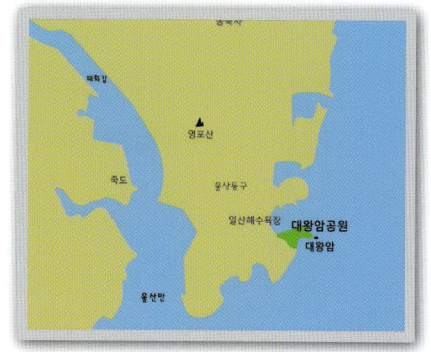

🎵 바다의 왕자 장보고

장보고 기념관

당나라 군인으로 활약한 장보고가 신라로 돌아와 설치한 청해진의 옛터에 장보고의 업적을 기념하기 위해 세운 곳이다. 4개의 상설 전시관을 통해 장보고의 생애와 해상 무역 활동 등을 엿볼 수 있다. 특히 중앙홀에는 학자들의 고증을 통해 복원된 장보고 무역선을 전시해 두고 있다.

전라남도 완도군 완도읍 청해진로 1455
changpogo.wando.go.kr / 061-550-6930

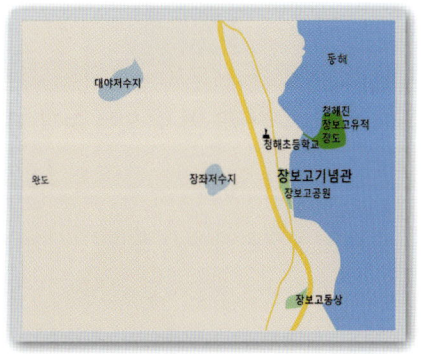

🎵 귀주대첩 강감찬

낙성대공원

낙성대공원은 강감찬 장군의 영정을 모신 안국사와 강감찬 장군이 태어난 곳으로 알려진 낙성대가 위치한 곳이다. 공원 안에는 고려 시대 3층 석탑이 자리하고 있으며 공원 입구에서 말을 타고 있는 강감찬 장군 동상을 볼 수 있다. 낙성대(落星垈)는 '별이 떨어진 집'이라는 뜻을 가진 한자로 강감찬이 태어났을 때 집 근처에 큰 별이 떨어졌다고 해서 붙여진 이름이다.

서울특별시 관악구 낙성대로 77 낙성대공원
www.gwanak.go.kr(관악구 문화관광) / 낙성대공원 관리사무소 02-880-3717

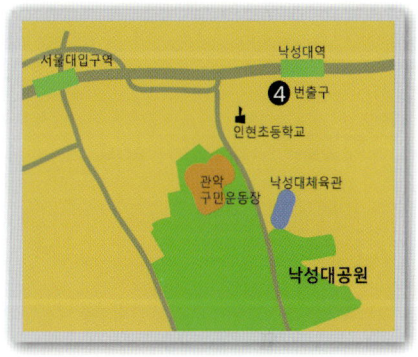

🎵 화포 최무선

최무선 과학관

우리나라 최초로 화약을 개발한 최무선을 기념하기 위해 세운 곳이다. 최무선 생가와 사당은 물론 과학관과 영상 체험관, 전시관 등이 있어 다양한 체험을 할 수 있다. 전시실에는 최무선이 개발한 화포를 토대로 조선 시대에 이어진 여러 가지 총통을 복원하여 전시하고 있다. 또한 화차, 화포 등을 직접 조립해 보는 체험 등 우리나라 전통 과학을 쉽게 이해할 수 있도록 꾸며 놓았다.

경상북도 영천시 금호읍 창산길 100-29(원기리 277)
cms.yc.go.kr / 054-331-7096

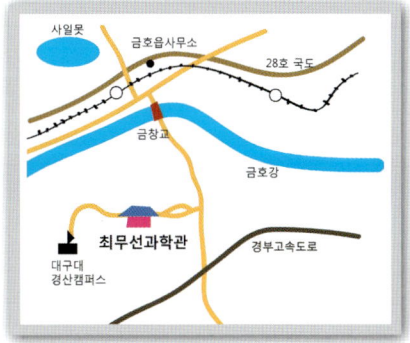

삼국유사 일연

인각사

승려 일연이 《삼국유사》를 완성하고 입적할 때까지 5년 동안 머물렀던 곳으로 알려져 있다. 일연은 말년에 인각사에 머물며 어머니를 지극히 봉양하고 《삼국유사》를 저술했다고 한다. 그의 업적을 기리는 보각국사비와 탑을 볼 수 있다.

경상북도 군위군 고로면 삼국유사로 250(화북리 612)
www.ingaksa.org / 054-383-1161

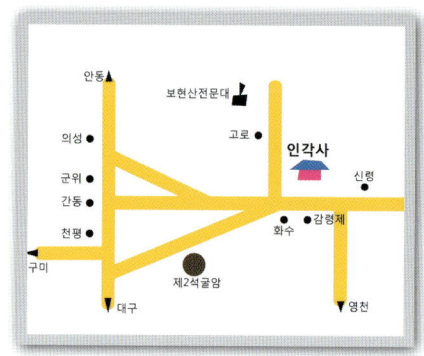

황금을 보기를 돌같이 하라 최영 장군의 말씀 받들자

최영 장군묘

고려 말, 공민왕과 우왕 때 활약한 최영 장군의 묘소이다. 묘 앞에는 묘비와 충혼비가 세워져 있으며 망주석과 문석인(문인석) 각 한 쌍이 좌우에 배열되어 있다. 위화도 회군을 계기로 이성계가 권력을 차지하면서 죽임을 당할 때 자신이 조금이라도 부끄러운 삶을 살았다면 자신의 무덤에 풀이 나지 않을 것이라는 유언을 남겼다고 한다. 그 후 실제로 오랫동안 무덤에 풀이 나지 않았다는 이야기가 전해지고 있다.

경기도 고양시 덕양구 대자동 산70-2
www.visitgoyang.net(고양시 문화관광) / 031-909-9000

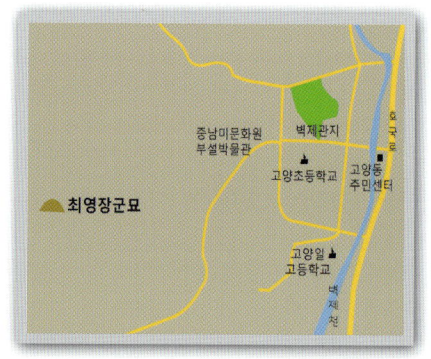

🎵 황희 정승

황희 정승 유적지

조선 초기 재상 황희의 유적지로 후손들에 의해 건립된 황희의 영당과 그가 관직에서 물러난 후 여생을 보낸 반구정이 위치하고 있다. 반구정은 임진강이 내려다보이는 절벽 위에 있는 정자로 예로부터 갈매기가 많이 모여들어 '갈매기를 벗 삼는 정자'라는 뜻에서 이름 지었다고 한다. 황희의 업적과 유품을 전시한 기념관도 함께 관람할 수 있다.

경기도 파주시 문산읍 반구정로 85번길 3
tour.paju.go.kr(파주 문화관광) / 031-940-4352

🎵 맹사성

맹사성묘 & 흑기총

조선 세종 때 재상을 지낸 맹사성의 묘소이다. 묘에서 약 500m 떨어진 곳에 있는 검은 소의 무덤 '흑기총'은 소의 주인이었던 맹사성의 묘와 함께 현재까지 잘 보존되고 있다.

경기도 광주시 직동로 222
www.ggcf.or.kr(경기 문화재단) / 경기도 광주시 문화관광과 031-760-4821

과학 장영실

장영실 과학관

장영실 과학관은 과학 기술자로서 장영실의 일대기와 업적을 영상과 그래픽을 통해 소개하고 있다. 또한 자격루, 풍기대, 간의, 앙부일구 등 조선 초기 대표적인 과학 기구를 다양한 방법으로 설치하고 있어 과학 기구의 구조와 원리를 쉽고 재미있게 이해할 수 있다. 또한 따로 마련된 어린이 과학관에서 다양한 기초 과학을 체험할 수 있다.

충청남도 아산시 실옥로 222
www.jyssm.co.kr / 041-903-5594

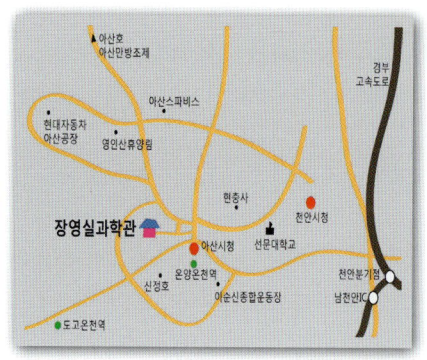

여주 영릉(세종대왕릉)

조선의 제4대 왕 세종의 묘소인 영릉 외에도 세종대왕의 업적을 기리기 위하여 세운 전시관이 있다. 또한 전시관 앞 야외 유물전시장에는 해시계, 천상열차분야지도, 자격루, 측우기, 혼천의, 간의 등 15점의 각종 복원 유물들이 전시되어 있어 세종 시대의 과학 기구들을 한눈에 볼 수 있다.

경기도 여주시 능서면 영릉로 269-50
sejong.cha.go.kr / 031-885-3123

장영실 과학동산

부산 동래 출신으로 조선 세종 때 최고의 과학자인 장영실을 기념하기 위해 만든 곳이다. 천상열차분야지도, 혼천의, 앙부일구, 수표 등 장영실이 만든 옛 천문 기구 18종을 복원해 전시하고 있다. 관람객의 이해를 돕기 위해 과학 문화 해설사들이 전시된 기구들의 원리와 의미에 대하여 전문적인 해설을 제공하고 있다.

부산광역시 동래구 동래역사관길 18
tour.dongnae.go.kr(동래구 문화관광) / 문화시설 사업소 051-550-4681

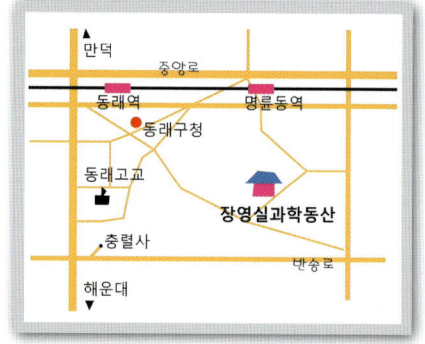

🎵 십만양병 이율곡, 신사임당 오죽헌

오죽헌/율곡 기념관

오죽헌은 율곡 이이와 그의 어머니 신사임당이 태어난 곳이다. 집 주위에 검은 대나무가 무성해서 '오죽헌(烏竹軒)'으로 이름을 붙였다고 한다. 오죽헌은 조선 전기 민가의 별당에 해당하는 건축물로 이곳 몽룡실에서 율곡 이이가 태어남으로써 더욱 유서 깊은 곳이 되었다. 율곡 기념관에는 신사임당과 이율곡의 유품들이 전시되어 있다. 신사임당 작품으로는 〈초충도〉와 수묵화, 〈초서〉·〈전서〉 등의 글씨가 전시되어 있다.

강원도 강릉시 율곡로 3139길 24
www.ojukheon.gangneung.go.kr(오죽헌시립박물관) / 033-660-3301

🎵 주리 이퇴계

도산서당/도산서원

도산서당은 퇴계 이황이 고향으로 내려간 후 학문 연구와 제자들을 가르치기 위해 지은 곳이다. 그리고 도산서원은 퇴계 이황이 죽은 후 그를 기념하기 위해 세운 사당과 서원이다. 도산서원의 현판 글씨는 조선 최고의 명필 한석봉이 쓴 것으로 알려져 있다. '옥진각'이라는 건물은 퇴계 이황이 직접 사용했던 유품을 전시하기 위해 세운 공간이다.

경상북도 안동시 도산면 토계리 680
www.dosanseowon.com / 054-840-6576

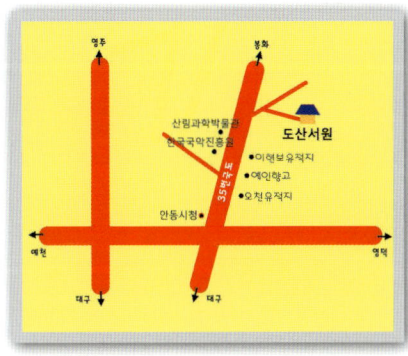

> 잘 싸운다 곽재우, 조헌

의병박물관

의병박물관은 임진왜란 당시 의령 지역에서 의병을 일으킨 곽재우 장군과 그 외의 여러 의병들의 활약을 기념하기 위해 만들어진 곳이다. 고고역사실과 의병유물전시실, 특별전시실, 영상실, 수장고 등 여러 시대의 역사를 체험할 수 있도록 꾸며져 있다. 특히 의병유물전시실에는 장검, 말안장, 팔각대접 등 곽재우의 유물 여러 점과 임진왜란 당시 활약한 조선관군 및 의병들과 관련된 유물들이 전시되어 있다.

경상남도 의령군 의령읍 충익로 1-25
ub.uiryeong.go.kr / 055-570-2345

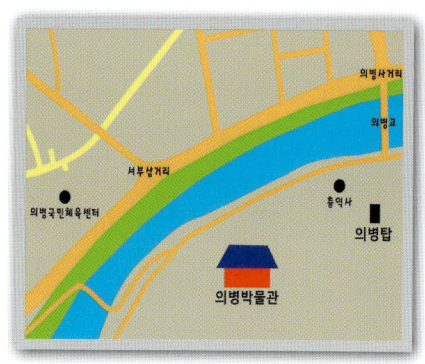

> 나라 구한 이순신

충무공이야기 전시관

세종문화회관 지하의 충무공이야기 전시관과 광화문 광장 지하의 세종이야기 전시관이 서로 연결되어 있다. 그중 충무공이야기 전시관 안에 있는 거북선 모형은 직접 배 안에 들어가 볼 수 있도록 꾸며 놓았다. 또한 4D 영상관에서 임진왜란 당시 이순신 장군이 이끄는 조선 수군의 전투 장면을 재미있게 체험할 수 있다.

서울특별시 종로구 세종대로 175
www.sejongpac.or.kr(세종문화회관) / 02-399-1114

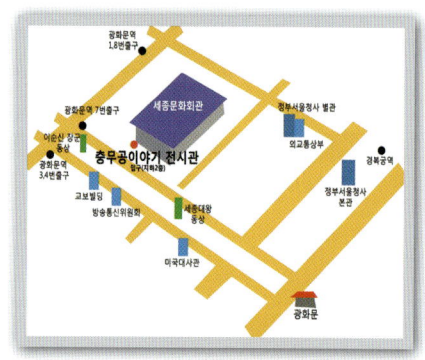

충무공 이순신 기념관

충무공 이순신 장군의 사당인 현충사는 숙종 때 처음 세워졌다. 현충사 안에 이순신 장군의 영정과 일생을 기록한 그림인 십경도와 난중일기, 장검 등이 전시된 유물관과 이순신이 살던 옛집, 활터 등이 함께 위치해 있다. 또한, 현충사에서 9km 떨어진 곳에 충무공 이순신의 묘소가 있다.

충청남도 아산시 염치읍 현충사길 126
hcs.cha.go.kr(현충사) / 041-539-4617

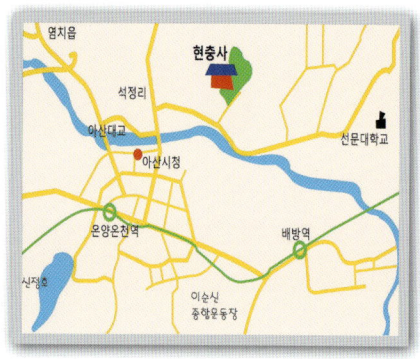

태정태세문단세

종묘

종묘는 조선 시대의 역대 왕과 왕비 그리고 죽은 뒤 왕으로 추존된 왕과 왕비의 신위를 모셔 놓고 국가적인 제사를 지내던 곳이다. 원래 종묘는 창덕궁, 창경궁과 연결되어 '동궐'이라 불리던 복합 궁궐이었는데 일제강점기 때 창덕궁과 종묘 사이에 길을 내며 분리가 되었다. 이후 1960년대에는 종묘 앞에 세운상가를 지으면서 지금의 모습이 되었다. 현재 종묘의 정문 앞은 시민 공원으로 꾸며져 있어 공원을 거쳐야 종묘의 정문인 창엽문으로 갈 수 있다. 종묘의 제례 때 연주되는 '종묘제례악'은 지금도 매년 한 차례씩 진행되고 있다.

서울특별시 종로구 종로 157
jm.cha.go.kr / 02-765-0195

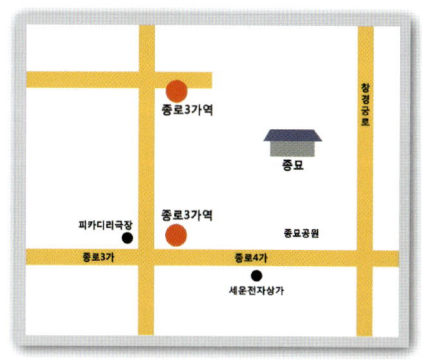

사육신과 생육신

사육신공원

단종을 강제로 내쫓고 왕위를 차지한 세조에게 저항하다가 처형된 사육신(성삼문, 박팽년, 하위지, 이개, 유성원, 유응부)과 당시 함께 죽임을 당한 김문기 등 일곱 충신의 묘소가 있다.

서울특별시 동작구 노량진1동 155-1
tour.dongjak.go.kr(동작구 문화관광) / 동작구청 공원녹지과 02-820-1395

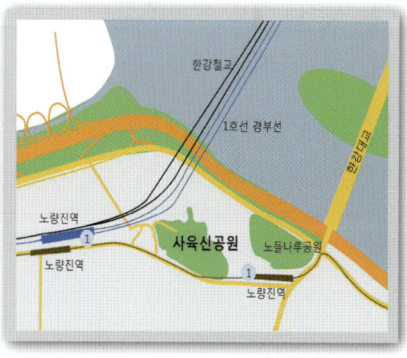

청령포

세조에게 왕위를 빼앗기고 영월로 유배된 단종이 머물렀던 곳으로 삼면이 깊은 강물에 둘러싸여 있어 나룻배를 이용하지 않고는 출입할 수 없는 섬과도 같은 곳이다. 단종은 이곳에 유배 중 결국 세조에 의해 죽임을 당했다. 청령포 안에는 망향탑, 금표비 등 단종의 흔적을 볼 수 있는 유적들이 있다. 또한 청령포에서 멀지 않은 곳에 단종의 묘소인 '장릉'이 있다.

강원도 영월군 남면 광천리 산67-1
www.ywtour.com(영월관광) / 1577-0545

♪ 김시민 / 몸 바쳐서 논개

진주성

진주성은 임진왜란의 3대첩 중 하나인 진주대첩이 일어난 곳이다. 김시민 장군 동상과 기념비, 촉석루, 논개 사당인 의기사, 논개의 의로운 행동을 기리기 위해 '의암'이라고 새긴 바위 등 임진왜란 당시 김시민 장군과 논개 관련 여러 가지 유적을 볼 수 있다.

경상남도 진주시 남강로 626
castle.jinju.go.kr / 055-749-2480

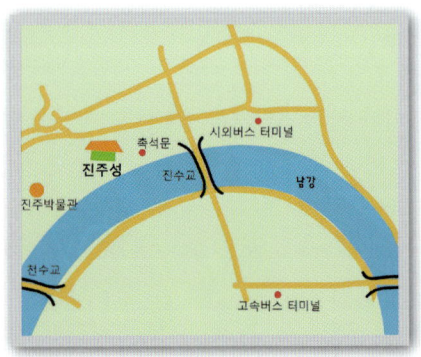

🎵 행주치마 권율

행주산성

행주산성은 고양시 덕양산 정상을 중심으로 능선을 따라 축조되어 있는 산성으로 전체 둘레가 1km 정도이다. 특히 이 산성은 권율 장군이 왜적의 공격을 막아 낸 행주대첩으로 유명한 곳이기도 하다. 대첩기념관, 행주대첩비, 행주대첩기념탑, 권율 장군 동상 등을 볼 수 있다.

경기도 고양시 덕양구 행주내동 산26
www.visitgoyang.net(고양시 문화관광) / 031-8075-4652

🎵 번쩍번쩍 홍길동

홍길동 테마파크

소설 속 주인공 홍길동이 역사적 고증을 통해 실존 인물로 밝혀짐에 따라 홍길동의 역사적·문화적 가치를 보존하고 널리 알리기 위해 만든 곳이다. 홍길동 생가로 만들어진 목조 건물은 홍길동 아버지와 길동의 생모 등 소설 속 등장인물과 15세기 생활상을 엿볼 수 있도록 꾸며 놓았다. 전시관에서 홍길동 관련 고증 및 학술 자료를 볼 수 있으며 입체 영상물 관람과 도술, 바위 들기 등 다양한 체험도 할 수 있다.

전라남도 장성군 황룡면 홍길동로 431
www.honggildong.com / 061-394-7242

대쪽 같은 삼학사

서울 삼전도비 (청태종공덕비, 대청황제공덕비)

조선 제15대 왕 인조가 병자호란이 일어나자 전쟁을 피해 머물고 있던 남한산성에서 내려와 청나라 황제에게 항복한 사실을 기록한 비석이다. 일제강점기 때 일본에 의해 땅속에 파묻혔던 것을 다시 복구했으나 광복 후 나라의 부끄러운 기록이라는 이유로 다시 매몰되었다. 그 후 묻혀 있던 비석이 폭우로 드러나 지금의 자리에 다시 세웠다. 비석 앞뒷면에 몽골어, 만주어, 한자어 등 세 나라의 문자가 새겨져 있다.

서울특별시 송파구 잠실로 148
culture.songpa.go.kr(송파구 문화관광) / 02-2147-2000

참고 삼학사비

병자호란 당시 남한산성에 머물며 끝까지 청나라와 싸울 것을 주장한 세 명의 학사(홍익한, 윤집, 오달제)는 전쟁이 끝난 후 청나라로 끌려가 죽임을 당했다. 당시 청나라 황제는 비록 적이지만 삼학사의 충절에 감동하여 비석을 세우고 넋을 기리게 하였다. 그 후 여러 차례 파손되고 방치되었으나 중국 동포들의 노력으로 현재 중국 심양에 다시 세워졌다. 천안 독립기념관에서 복제된 삼학사비를 볼 수 있다.

단원 풍속도

단원미술관

조선 후기를 대표하는 화가 단원 김홍도는 안산에서 스승 강세황에게 그림을 배우며 유년기를 보냈다고 한다. 단원미술관은 이와 같은 이유로 '단원의 도시'로 이름 붙여진 안산시에 세워졌다. 특히 단원 김홍도의 업적을 기리며 작품 세계를 엿볼 수 있도록 '김홍도 영인작품'을 상설 전시하고 있다. 또한 판화 체험과 활동지 체험 등 재미있게 미술관을 관람할 수 있는 프로그램이 진행되고 있다.

경기도 안산시 상록구 충장로 422
www.danwon.org / 031-481-0504

방랑 시인 김삿갓

김삿갓 유적지

조선 후기 방랑 시인 김삿갓의 생애와 문학 세계를 한눈에 볼 수 있는 곳이다. 김삿갓의 묘소와 주거지, 김삿갓 문학관과 시비 공원이 위치해 있다. 김삿갓 문학관에서는 다양한 김삿갓 연구 자료와 멀티미디어를 활용한 김삿갓 관련 영상물을 관람할 수 있다.

강원도 영월군 김삿갓면 김삿갓로 216-22
www.ywtour.com(영월관광) / 김삿갓 문학관 033-375-7900

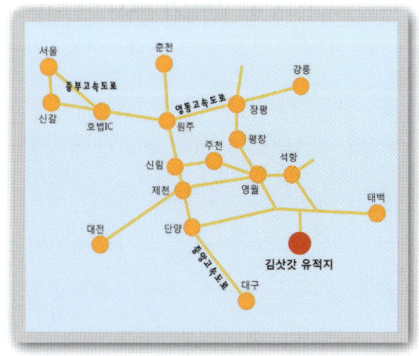

지도 김정호

지도박물관

국내외 각종 고지도는 물론 김정호의 대동여지도, 현대지도에 이르기까지 국내 지도 발달 과정과 세계 지도 변천사를 한눈에 알아 볼 수 있도록 다양한 유물을 전시하고 있다. 특히 세계지도, 조선지도, 군현지도, 도성도 등 다양한 고지도를 접할 수 있으며, 바닥에 대형 인쇄된 대동여지도가 있어 자세한 관찰이 가능하다. 야외 전시관에는 김정호 동상과 각종 측량 시설 모형도 전시되어 있다.

경기도 수원시 영통구 월드컵로 92 국토지리정보원
museum.ngii.go.kr/map / 031-210-2667

정조 규장각

창덕궁 후원 / 창덕궁 궐내각사

정조는 즉위한 해에 창덕궁 후원에 2층으로 된 누각 '주합루'를 세웠다. 1층은 어제와 어필을 비롯해 왕실 도서를 보관하는 도서관으로, 2층은 열람실로 사용했다. 현재 1층에는 숙종이 쓴 규장각 현판이, 2층에는 정조가 세손 시절 생활했던 경희궁 주합루의 이름을 가져다 쓴 현판이 자리해 있다. 이후 규장각이 너무 궁궐의 구석진 곳에 있어 불편하다는 신하들의 건의로 5년 뒤에는 창덕궁 궐내각사 안으로 옮겨졌다. 현재 창덕궁 궐내각사에서 볼 수 있는 가장 큰 건물이 바로 규장각이다.

서울특별시 종로구 창덕궁길 94
www.cdg.go.kr / 02-762-8261

서울대학교 규장각

창덕궁 규장각에 있던 자료는 현재 서울대학교 내에 같은 이름의 건물을 지어 옮겨 보관하고 있다. 규장각의 소장 자료는 7종의 국보, 8종의 보물을 포함하여 18만여 책의 고도서와 5만여 장의 고문서, 1만 8천 장의 책판, 현판 등 총 27만여 점에 이른다. 그중 조선왕조실록과 승정원일기는 세계기록문화유산으로 지정되어 인류문화유산으로서 그 가치를 인정받고 있다.

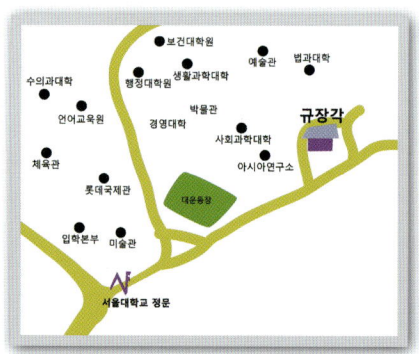

서울특별시 관악구 관악로 1 103동
e-kyujanggak.snu.ac.kr(서울대학교 규장각 한국학연구실) / 02-880-5317

목민심서 정약용

남양주 다산유적지

유적지 입구에 들어서면 정면에 다산 정약용의 생가인 여유당이 보이고 여유당의 오른편 언덕 위에 정약용의 묘소가 있다. 유적지 안에 있는 다산기념관에는 정약용의 대표 저서인 《목민심서》, 《경세유표》, 《흠흠신서》 사본이 전시되어 있으며 실물 크기보다 작게 줄여 놓은 거중기와 녹로도 볼 수 있다. 다산기념관 옆에 있는 다산문화관에는 정조가 다산이 설계한 배다리로 수원에 있는 아버지 사도세자의 묘소를 참배하러 갈 때의 모습을 그린 〈능행도〉와 500여 권에 달하는 정약용의 방대한 저술을 분야별로 기록하여 놓았다. 또한 영상실에서 다산의 일생을 소개하는 영상물을 관람할 수 있다.

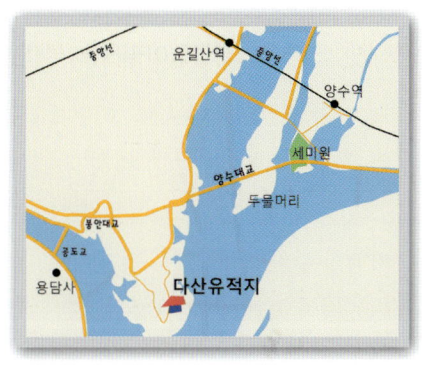

경기도 남양주시 조안면 다산로 747길 11
www.nyj.go.kr/dasan / 031-590-2481

강진 다산초당

다산초당은 정약용이 11년간 유배 생활을 하며 많은 책을 저술한 곳이다. 정약용은 18년 동안의 유배 생활 중 이곳에 11년 동안 머물면서 《목민심서》와 《경세유표》, 《흠흠신서》를 비롯한 500여 권에 달하는 많은 저서를 남겼다. 옛 초당이 무너지자 건물이 있던 자리에 지금의 초당을 다시 지었다. 초당 뒤 언덕 암석에는 정약용이 직접 깎은 '정석(丁石)'이라는 글자가 새겨져 있으며, 초당 왼쪽으로 자그마한 연못이 있는 등 당시 정약용의 유배 생활을 짐작하게 한다.

전라남도 강진군 도암면 다산초당길 68-35
www.edasan.org(다산연구소) / 061-430-3781

녹두 장군 전봉준

동학농민혁명기념관

전라북도 정읍은 전봉준이 이끈 수만의 동학 농민군이 관군을 크게 이긴 최초의 전승지로, 이곳에 동학 농민 혁명을 기념하기 위한 공간을 꾸며 놓았다. 특히 기념관 안에 어린이전시실이 따로 있어 동학 농민 운동의 발생 배경과 과정, 결과 등을 누구나 쉽게 파악할 수 있다.

전라북도 정읍시 덕천면 동학로 742
www.1894.or.kr(동학농민혁명기념재단) / 063-536-1894

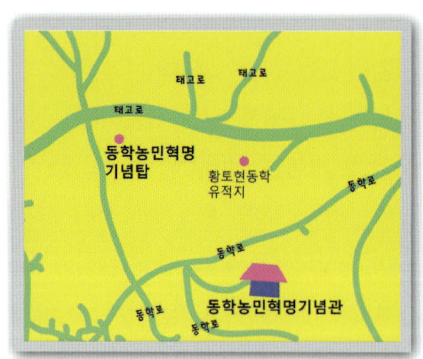

순교 김대건

솔뫼성지

복원된 김대건 신부의 생가와 김대건 신부 기념관이 있는 곳이다. 기념관에 김대건 신부가 직접 쓴 편지, 한국 교회의 박해 상황에 대한 보고서 등이 전시되어 있다. 한국어, 중국어, 영어로 김대건 신부의 생애에 관한 영상도 시청할 수 있다.

충청남도 당진시 우강면 송산리 솔뫼로 132
www.solmoe.or.kr / 041-362-5021

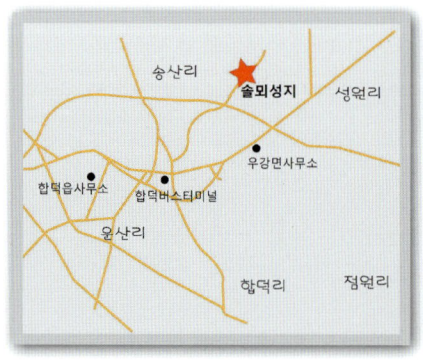

🎵 삼일천하 김옥균

우정총국

개화기에 우편 업무를 담당하던 관청이다. 원래 여러 채의 건물이 있었지만, 지금은 현재의 건물 한 채만 남아 있다. 우리나라 최초의 근대적 우편 제도가 시작된 곳이기도 한 우정국은 갑신정변이 일어난 곳으로도 유명하다. 당시 김옥균을 비롯한 개화파는 우정국 맞은편 골목에서 치솟은 불길을 신호로 우정국 개국 축하연에 참석하러 온 관리들을 한꺼번에 살해하면서 갑신정변을 일으켰다.

서울특별시 종로구 우정국로 59
www.koreapost.go.kr(우정사업본부) / 02-2195-1454

🎵 안중근은 애국

안중근 의사 기념관

남산 공원에 위치한 곳으로 안중근 의사의 유품과 자료를 전시하고 있다. 안중근 의사의 애국 활동과 이토히로부미 저격 사건 후 이루어진 재판 과정, 감옥 생활 등을 한눈에 볼 수 있도록 꾸며 놓았다.

서울특별시 중구 소월로91
ahnjunggeun.or.kr / 02-3789-1016

🎵 이완용은 매국

덕수궁(경운궁) 중명전

대한제국의 고종 황제는 1904년 경운궁에 화재가 일어나자 중명전으로 거처를 옮겼다. 이때부터 중명전은 왕이 주로 나랏일을 보는 편전 역할을 했다. 덕수궁 중명전은 1905년 11월, 을사늑약이 불법적으로 체결된 곳으로도 유명하다. 현재는 '대한제국의 운명이 갈린 곳, 덕수궁 중명전'이라는 이름의 전시관으로 을사늑약 당시 관련 자료를 전시하고 있다.

서울특별시 중구 세종대로 99
www.deoksugung.go.kr / 02-771-9951

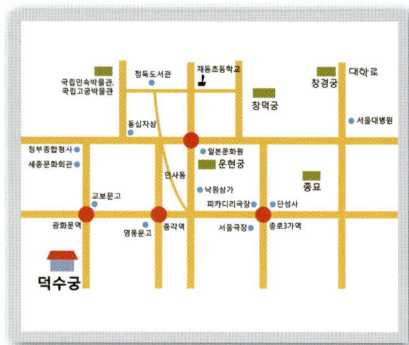

🎵 별 헤는 밤 윤동주

윤동주 문학관

윤동주가 종로구 누상동에 있는 소설가 김송의 집에서 하숙하며 생활했던 인연을 근거로 조성한 문학관이다. 3개의 전시실로 구성되어 있으며 친필 원고, 사진 등의 자료와 더불어 윤동주의 일생과 시 세계를 담은 동영상도 볼 수 있으며 해설사의 해설도 들을 수 있다. 문학관 주변에는 '시인의 언덕'이라는 이름의 산책로와 공원이 조성되어 있다.

서울특별시 종로구 창의문로 119
tour.jongno.go.kr(종로구 역사 문화 관광) / 02-2148-4175

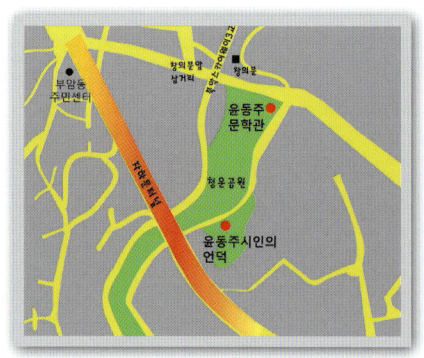

연세대학교 윤동주 기념관

윤동주가 지금의 연세대학교 전신인 연희전문학교 재학 시절 생활한 기숙사 건물 2층에 기념관이 자리하고 있다. 윤동주의 유고 작품과 유품 등을 전시하고 있으며 교정에는 윤동주 시비를 세워두었다.

서울특별시 서대문구 성산로 262 연세대학교 문과대학
yoondongju.yonsei.ac.kr(윤동주기념사업회) / 02-2123-2247

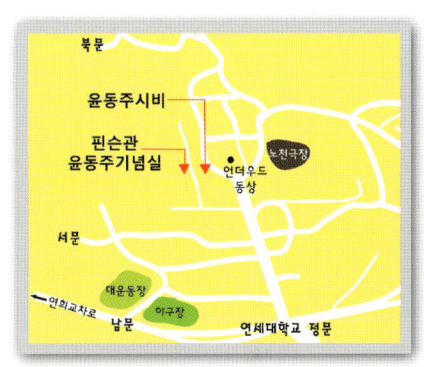

종두 지석영

서울대학교병원 의학박물관

한국에서 가장 오래된 근대 병원 건물인 대한의원 본관에 자리하고 있다. 근대 의학과 관련된 각종 문서와 의학 서적은 물론 종두 기계 등 의료기기 900여 종을 소장하고 있는 의학 전문 박물관이다. 시기별로 다양한 특별전을 진행한다. 건물 앞에는 우리나라 최초로 종두를 실시한 지석영을 기념하는 동상이 세워져 있다.

서울특별시 종로구 대학로 103
medmuseum.cafe24.com / 02-2072-2636

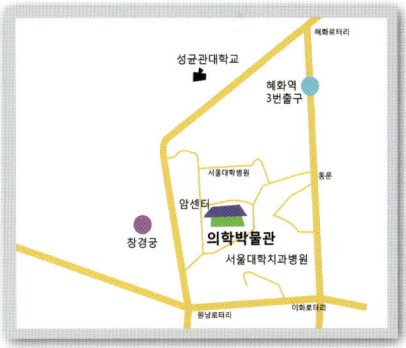

종두 지석영, 어린이날 방정환, 황소 그림 중섭

망우리공원

지석영, 방정환, 이중섭, 한용운 등 우리나라 유명 인물들의 묘소와 도산 공원으로 이장한 안창호 묘터가 남아 있다. 또한 산책로를 중심으로 이들의 연보 기록비가 세워져 있어 가족 나들이 장소와 함께 우리나라 근대사에 대한 학습 장소로 좋은 곳이다.

서울특별시 중랑구 망우동
02-434-3337

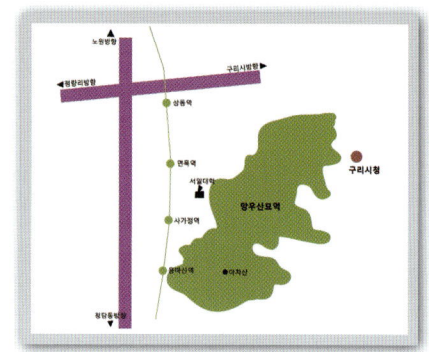

삼십삼인 손병희

탑골공원

1919년 3·1 만세 운동 당시 독립 선언문을 낭독하고 많은 사람들이 모여 독립 만세를 외친 곳이다. 고려 시대에는 흥복사, 조선 시대에는 원각사가 있던 곳이었는데 이후 절을 없애면서 폐허가 되었다. 대한제국 시절 국내 최초의 서구식 근대 공원을 조성하고 이름을 파고다공원으로 지었는데 1992년 옛 지명에 따라 탑골공원으로 이름을 바꾸었다. 현재 공원 안에는 독립 선언서를 낭독한 장소인 팔각정을 중심으로 원각사지 10층 석탑과 원각사비 등의 문화재와 3·1 만세 운동 기념탑, 3·1 만세 운동 벽화, 손병희 선생 동상, 한용운 선생 기념비 등이 있다.

서울특별시 종로구 종로 99
02-731-0534

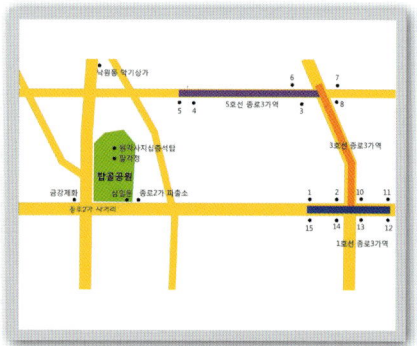

만세 만세 유관순

유관순 기념관

유관순은 3·1 만세 운동이 일어나기 1년 전인 1918년, 현재 이화여자고등학교의 전신인 이화학당에 입학하였다. 이러한 인연으로 유관순 열사를 기리기 위해 이화여자고등학교에서 건립한 기념관이다. 유관순 열사의 사진과 유품들을 보존, 전시하고 있고 야외 교정에는 유관순 열사의 동상과 함께 유관순 열사가 빨래하던 우물터가 남아 있다.

서울특별시 중구 정동길 26
www.ewha.hs.kr(이화여자고등학교) / 02-752-3353

유관순 열사 기념관

유관순 열사의 생가터를 비롯하여 혼을 모신 초혼묘, 추모각 그리고 유관순 열사 기념관이 하나의 사적으로 구성되어 있다. 유관순 열사의 수형자 기록표, 재판 기록문 등 관련 자료가 기념관에 전시되어 있다. 또한 아우내 독립 만세 운동을 재현한 영상, 재판 과정을 담은 영상, 유관순 열사의 생애를 재현한 닥종이 인형 등 출생에서 순국까지의 유관순 열사의 일대기를 전시물과 영상, 다양한 체험을 통해 살펴볼 수 있도록 하였다.

충청남도 천안시 동남구 병천면 유관순길 38
yugwansun.cheonan.go.kr / 041-521-2821

서대문형무소 역사관

유관순, 김구 등 많은 독립운동가들이 갇히거나 목숨을 잃었던 옛 서대문형무소를 개조해 역사관으로 만든 곳이다. 옥사와 사형장 등의 시설물을 원형대로 복원해 역사의 현장으로 보존하고 있으며 일제강점기에 순국한 독립운동가들에 대한 자료를 전시하고 있다. 고문실과 유관순 열사의 모형, 지하 감옥 등을 통해 가슴 아픈 우리 역사의 현장을 생생하게 경험할 수 있다.

서울특별시 서대문구 통일로 251
02-360-8590

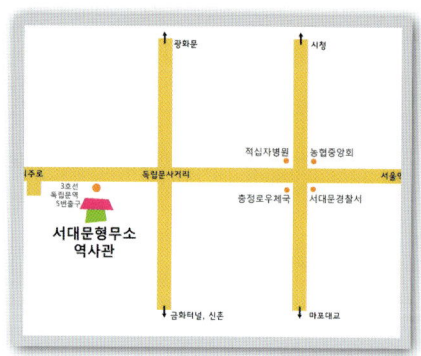

도산 안창호

도산공원

도산공원에 있는 안창호의 묘소는 원래 있던 망우리 묘에서 이장한 것이다. 공원 내에 위치한 도산 안창호 기념관은 도산 안창호의 사상과 정신을 널리 알리기 위해 세워진 곳으로, 안창호의 여러 가지 유품과 관련 자료를 볼 수 있다. 안창호가 남긴 여러 가지 어록과 사진 등을 볼 수 있는 터치 스크린도 설치되어 있다.

서울특별시 강남구 도산대로 45길 20 도산 전시관
강남구 공원녹지과 02-2104-1904

🎵 날자꾸나 이상

이상의 집

시인이자 소설가였던 이상을 기억하기 위해 지어진 공간이다. 이상이 생전에 발표한 작품들과 미발표된 유고시 9편을 실어 최초로 발간한 이상 전집 3권이 전시되어 있다. 카페로도 이용되고 있는 이곳은 이상과 관련된 여러 도서들을 자유롭게 볼 수 있고, 이상이 직접 그린 것으로 알려진 여러 가지 그림들을 엽서로 제작하여 판매하고 있다.

서울특별시 종로구 자하문로 7길 18
isang.or.kr / 070-8837-8374

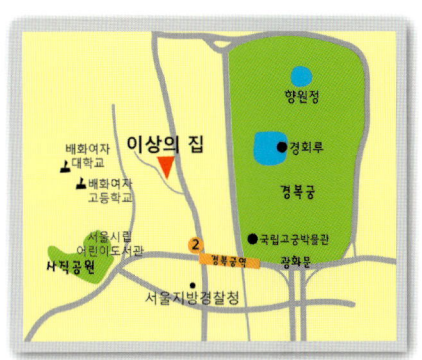

🎵 황소 그림 중섭

이중섭 미술관

1950년 6월 25일 전쟁이 일어나자 1951년 1월, 가족을 데리고 제주도 서귀포에 머물면서 작품 활동을 한 화가 이중섭을 기념하기 위해 세운 전시관이자 기념관이다. 이중섭의 〈서귀포의 추억〉, 〈물고기〉, 〈물고기와 노는 두 어린이〉, 〈도원〉 등의 작품이 전시되어 있다.

제주특별자치도 서귀포시 이중섭로 27-3
jslee.seogwipo.go.kr / 064-733-3555

고구려대장간마을, 장영실 과학관,
최무선 과학관, 지도박물관, 솔뫼성지 등
노랫말과 관련된 유적지와 여행지 54곳에 대한
소개가 들어 있어요. 직접 찾아 보고 위인들의 숨결과
역사를 느껴 보세요.